UN PUNTO NEGRO
SOBRE UN CIELO DE VERANO

UN PUNTO NEGRO
SOBRE UN CIELO DE VERANO

INGRID GONZÁLEZ

Valparaíso
EDICIONES

Número 515 de la Colección VALPARAÍSO DE POESÍA
dirigida por FEDERICO DÍAZ-GRANADOS

Diseño de colección y portada: Chari Nogales

Primera edición: septiembre de 2025

© De los poemas: Ingrid González
© Imagen de portada: Laura Milena López Hernández

© Valparaíso Ediciones
   C/ Fray Leopoldo, 7 bajo, 18014 Granada
   www.valparaisoediciones.es

ISBN: 979-1387538-89-7
Depósito Legal: GR 1220-2025

Impreso en España - *Printed in Spain*
Gráficas Gami

UN PUNTO NEGRO
SOBRE UN CIELO DE VERANO

Este interrumpido cielo de verano está dedicado a mis hermanas,
Myriam Buitrago y Andrea Baquero

Tengo que inventar algo inservible.
JUAN CARLOS ONETTI, *Dejemos hablar al viento*

I.

ALUCINACIONES

Y entonces, triste, pero firme, perdóname, te ofreceré una vida ya sin demonio ni alucinaciones.
JOSÉ HIERRO, *Libro de las Alucinaciones*

De chicos los suicidas pisaban cabezas que se hicieron de piedra y les rompieron los pies.
BEATRIZ VIGNOLI, *Los Suicidas*

ALUCINACIONES

Me vi en medio de una aldea.
Mis manos estaban atadas
una frente a la otra.
La luz de los árboles se reflejaba
en mi pecho
y el verdugo se camuflaba
con mi propia sombra.

Estaba de rodillas,
y mi ascendencia,
mi línea de sangre
me reclamaba allá en mi corazón,
allá donde la había vendido.

¿Dónde estaban mis amores?
¿Dónde, mi infancia?
¿Dónde, mi patria?
¿Dónde, mis ancestros, los sagrados?
¿Dónde estaba mi madre?
¿Dónde, mi espíritu?,
en la sierra del verdugo,
y en mi mente,
en las alucinaciones, en la aldea,
en las luces de los árboles,
y en mi pecho palpitante.

LOS MALOS MUCHACHOS

Los malos muchachos
no van al océano,
van a la arena.

Las olas no los tocan;
ellos no conocen
el tiempo del anzuelo,
la espera,
el agua y el aire llenos de sal.

A los malos muchachos
no los permea
el Tiempo.

A LOS SUICIDAS NOS VIENE BIEN
EL SOL Y LA BRISA

A los suicidas no nos importan
los otros suicidas.
A los amigos de los suicidas no les dan miedo
otros suicidas,
pero no quieren ser sus amigos.
A los suicidas nos viene bien el sol y la brisa.
Nuestros padres nos llevan a la playa
para que no nos suicidemos.
A los suicidas no se nos perdonará
jamás la muerte,
aunque se consiga enterrarnos
al lado de nuestras familias
y un cura, tal vez, se pare en frente de nuestra cruz.
A nosotros, los suicidas,
nos han amado con locura.
Tenemos hijos bienaventurados y una casa cómoda.
Tenemos un perro manso.
Nosotros, los suicidas,
conocemos la vida.
Nosotros, los suicidas,
comprendemos demasiado.

LLEGA AL EQUILIBRIO

El kamikaze bebe.
No bebe para ser kamikaze,
bebe para convertirse
en equilibrio.

El kamikaze se sostiene las piernas.
No deben ser de hombre;
sus propias manos las hacen yunque.

Bebe porque es el escogido.
Es el viento divino,
lo sagrado en la muerte.

Salta

    Llega

       al equilibrio.

SUEÑOS

I.

Soñé que la muerte me rodeaba en el metro.
Este se recogía sobre sí mismo y rugía para tragarme.
A mi lado, sentados en hilera, estaban todos mis amores.
Todas las mujeres, mis amigos y mi familia.
Me reclamaban por qué me había vendido.

II.

Soñé que veía dentro del sueño de mi mejor amigo.
Él estaba bebiendo whisky y tocaba los senos de una mujer.

Me repetía que ahora todo lo mío era suyo.
Desperté viéndome a mí misma.

III.

En el sueño después del día más decepcionante,
contaba
desde cien
hacia atrás.
Kafka me tomaba de las muñecas
mientras apretaba su mandíbula.

IV.

Cuando cumplí una década de estar escribiendo
soñé con Bolaño.
Me miraba y rompía en llanto.
Sostenía a su hijo en las piernas.
Preguntaba:
—Y, ¿qué te detiene a ti?

V.

Después de un día hermoso,
soñé que buscábamos tréboles
en un campo de paja.
Con su cabello lleno de briznas,
Walt Whitman me miró
y sonrió como un niño.

VI.

El día en el que leí *El Túnel,*
soñé que atravesaba una ventana de marco rojo.
Caía en los brazos de María Iribarne.
Estaba bellísima.

VII.

Soñé que en un bar de Manhattan se anunciaba el último
gran concierto del cuarteto de John Coltrane. Al entrar
lo vi de rodillas sobre el escenario. Oraba. Interpretó el *A
Love Supreme* y ascendió al cielo. Se llevó a Alice consigo.

VIII.

Para Simón Posada

Soñé que me iba de pesca con uno de los hombres que me
enseñó a escribir. Después de algunas horas, atrapamos a
un pez con la cara de Gay Talese.

IX.

Soñé que dormía encima de una ballena.
Los años pasaban
y yo no volvía a recordar
mi nombre.

X.

Soñé que pisaba una mina.
Era diciembre, y me encontraba lejos de casa.
Vi que por el frío y la distancia
me tomaría más trabajo recogerme.

ESPÍRITU, FUEGO, PÁJARO

En el espíritu se posa
y
en la hoguera
el humo se desboca
sobre su cabeza

el pájaro vuela

                         alto

            no volverá.

II.

LAS VIDAS DE LAS COSAS PEQUEÑAS

Come away, O human child!
To the waters and the wild
With a faery, hand in hand,
For the world's more full of weeping than you can understand.
W.B. YEATS, *The Stolen Child*

CADA VEZ QUE NOS DECIMOS ADIÓS

Cada vez que nos decimos adiós
hay un centímetro del fuego
que se alza sobre la roca
en forma de ceniza.

Hay un fragmento de piel
que se encoge sobre ella misma
y retuerce
y duele.

Hay un puño tibio,
azul,
que se posa en un umbral invisible.

Y la ira.

Hay una ira
cada vez que nos decimos adiós;
enloquecida,
silenciosa.

LAS VIDAS DE LAS COSAS PEQUEÑAS

Estoy en las cosas pequeñas
en lo último que tocó mi mano
en ese intersticio que hay entre viento y lumbre
en el lomo de mi perro
en las líneas de allá arriba la nube
en las flores de la acera.

Una losa, un pomo, una baranda,
una esquina, una taza.

Estoy en las cosas pequeñas
me muevo entre sus vidas.

LAS MUJERES DE MI VIDA

Las mujeres de mi vida
no se han ido por las puertas de los bares
del otro lado de la cama
nadando en una piscina
tras la foto fulminante
esa comida preludio
cinco pintas de cerveza
conducir por cien kilómetros
leer a Marguerite Duras
en voz alta
recibir tres cartas
en un año de olvido
escuchar a John Lennon y Coltrane
viajar al mar por vez primera
y hacer la maleta antes del amor
mimetizarse con mi gato
salir del baño como de un rito
perder en el póker
para sanar una herida
tener la razón frente a los amigos
cumplir la pesadilla de enfrentar
una cama
en la noche
sin hacer
el conteo desesperante de una cita
retrasada
aquella pelirroja que sonríe y ofrece
un cigarrillo

las visiones ante un soso futuro
el "tenemos que hablar"
la puerta de un hotel que funciona
a manera de búnker
todas las miradas airadas
todos los besos como anzuelo
y, ante todas las cosas,
ser presencia fulminante como si fuera
la primera mujer
en toda mi vida.

RETORNO A UN VACÍO

Todo lo que quise yo
tuve que dejarlo lejos,
siempre tengo que
escaparme y abandonar
lo que quiero.
OLIMPO CÁRDENAS, *Romance de mi destino*

Vine para extraer una memoria.
—Recorriendo puertas, tocando ventanas.
Sin embargo, un mueble viejo no habla;
—Hallando el despojo de una época.
mucho menos los cuartos de un espíritu hambriento.
—Aullando a solas, buscando a tientas.
Te dije algún día <<la tierra me reclama>>,
—La voz del subsuelo.
y de reclamos ahora no encuentro nada,
—Una respuesta como *puzzle*.
nada de ti, nada de recuerdos.

Volví después de pisar pequeñeces,
—Enanos, gnomos enfermos.
con la fe de una montaña,
—Una pizca nada más, ¿nada más?
con la curiosidad de un gato,
—El felino ha muerto, sació su curiosidad.
y el respaldo de tus palabras <<volverás, volverás>>
—Mirada de gloria.
para encontrar paredes desconocidas e infinitas
—Otra dimensión.
que repudiaban mi anterior huida,

29

—<<la tierra me reclama>>.
pero ahora me acogen, me dan la bienvenida.

Niego mi sorpresa
    —Extranjero que regresa.
ante todo lo dejado por ti;
    —Maderamen, solo maderamen.
un recuerdo de cuadrícula,
    —Palabras que se cortan.
un espacio ahora desconocido,
    —Me da la bienvenida, me acoge.
porque conocía las últimas noticias
    —Todo vuelve a su final.
del exorcismo de tu tierra.
    —Y ya no puedo compartir nada contigo.
<<Volverás, volverás>>

LA LUNA DE 1948

Esta noche tibia los gatos prefieren el balcón
a quedarse en medio de las sillas
o arrojados contra los cuerpos humanos
que han pasado por tanto.
La luna no se ve así desde la última generación
que vio la guerra;
penetró en los escombros una luz
que hoy también llama a estar
afuera.

HACE DOS AÑOS NO VEO EL VERANO

Caballos, conejos y
tortugas, y una capilla
donde todos se han casado
hace dos años
no veo
el verano
y acá estoy
otra vez
con asombro
entre todos ellos.

FIRST FALL

Los árboles, en dos semanas,
se han puesto rojos.
Nadie habla de
ello porque la vida
ahora
parece contarse desde
la barbarie
o el abandono.

Pero no desde
los árboles
rojos en otoño.

Los miro
ensimismada
desde una banca,
y al regresar
a casa
escribo sobre ellos.

UN POCO DE SU FORTUNA

Para Lauren S. Karstens

Ven a casa pronto.
Los gansos pasarán antes
del sol poniente
y podría ser
a las 5 o a las 8.
Mira,
el tiempo de los gansos
no es el de nosotras
<<las espectadoras del mundo>>.

Su tiempo
es el del grano
y el viento
a favor
y solo ellos saben el cuándo.

Ven a casa pronto,
los gansos podrían regalarnos
un poco de su fortuna.

LA CURA DE MAR

Ven, aunque no te requiera.
Ven, porque solo así serás
la cura de mar
para mi paganismo.

III.

UN PUNTO NEGRO
SOBRE UN CIELO DE VERANO

Soy el que pasó saltando sobre las cosas, el fugante,
el doliente.
PABLO NERUDA, *Llénate de mí*

CALLAR ESTA HERIDA

Necesito abrir algo
en mí misma.
Quisiera poder nombrarlo
como puedo nombrar la vida,
el aquí y el ayer.
Saber cómo se llama
y en dónde está.
Tomarle en mis manos
y recibirle como a un oráculo.
Hablarle y que me hable
de la fortuna y el dolor,
de las formas y sus caminos.
Y así, cuando aprenda su lenguaje,
podré cerrarle
como si jamás le hubiese encontrado,
y callar esta herida.

AND WHAT DOES ONE ORDER FOR A LAST SUPPER?

I

Es el fin del mundo
desde que tengo 7 años
en la iglesia
en la mesa
junto a mi padres
durante el desayuno
cuando murió Lady Di
y tembló en Bogotá
para mí el mundo
ha ido hacia su final desde los 90 's.

II

Hoy en esta ciudad extraña
lo deseo
con la fuerza de la niña ingenua
que venga hecha verdad
la profecía de los fanáticos
y tome mi mano
mi mano de niña-mujer
y me lleve allá
al principio
a la casa de mis padres
a cuando las gentes despavoridas
huían de adentro hacia afuera.

III

Baby, this is it.
Now, please tell me
and what does one order for a last supper?

SANGRO, ESCURRO

En todas las renuncias
la mar me antecede.
Es ella mi signo,
las líneas de mis manos,
ese cuarto que conocería estando ciega.
Voy a la mar para dejarme.
Palpo mi cuerpo mojado
y me reconozco.
Llego a mi final
y sangro, escurro.

UN PUNTO NEGRO
SOBRE UN CIELO DE VERANO

Mi madre y la tuya
desde que eran niñas
llevan máscaras tejidas
por sus madres.
Y ya sabes que la costumbre
no pesa. Así que
no tienen que quitárselas jamás.
Pero una vez. A ti y a mí, de
niñas,
tu madre y la mía
nos llamaron a sus habitaciones.
Era de mañana
cuando los hombres ya estaban idos.
Y ellas nos enseñaron sus caras.
Las de verdad, tal vez.
Nuevas. Total. Para nosotras.
Y nos dijeron que
esas caras, las caras nuevas
y tal vez las de verdad,
fueron hechas por sus madres.
Que fueron tejidas y fijadas
como un botón en nuestras camisas. Señalaron.
Y ya sabes qué queríamos saber.
Tú y yo queríamos saber
cómo sería tener una.
Mi madre nos dijo que era un secreto.
Un secreto. Un secreto. Un secreto.

Pero que era algo así
como poner un punto negro
sobre un cielo de verano.

REVERSIBLE

Mi ascendencia escupe hacia arriba
 y luego se junta para correr
y agacharse detrás del muro como en una trinchera.
Mi ascendencia tiene vergüenza,
ha sido parte de geografías desconocidas
solo para retornar
a sí misma.
Ahora, en su trinchera,
se sienta a verse las manos.

Yo estoy al otro lado, desnuda,
y lloro por la tierra.

DESCENDENCIA

En la casa de mi madre
la mesa
que antes unía a la familia
sirve como ventana
hacia los píes ahora ausentes.

No hay calor tampoco
porque la cama del gato
es el edredón
de las hijas que se fueron.

Mi madre
nunca tejió nada nuevo
para nosotras,
pero hubo alguna vez
en su casa
una especie de fuego
que nos reunía
y abrigaba.

En la casa de mi madre,
por ende,
ya no se habla
ni se cuentan historias.

Todos debimos morir un poco
cuando mi madre
rechazó su propia estirpe.

ÍNDICE